Tiempo extremo

Torrey Maloof

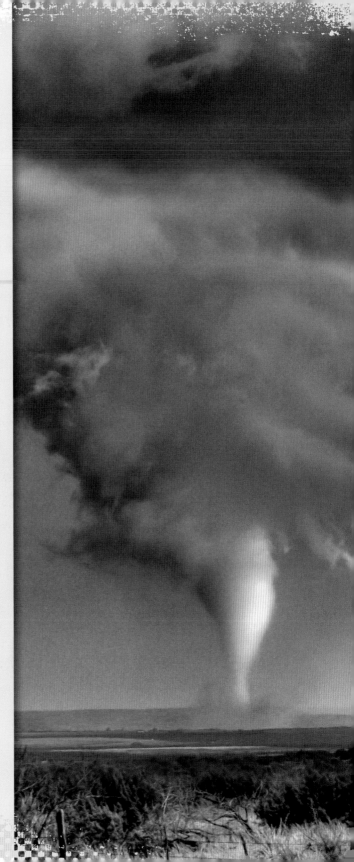

Asesora

Catherine Hollinger, CID, CLIA
EPA WaterSense Partner
Asesora ambiental

Créditos de imágenes: Portada y pág.1 Tom Wang/Alamy, pág.21 Andrew McConnell/Alamy; pág.22 Derek Croucher/Alamy; pág.7 (superior) Ilene MacDonald/Alamy; pág.27 Jochen Tack/Alamy; pág.19 Nigel Cattlin/Alamy; pág.17 RGB Ventures/SuperStock/Alamy; págs.20, 32 Ted Foxx/Alamy; pág.26 US Marines Photo/Alamy; págs.7, 24 (ilustraciones) Tim Bradley; pág.15 (derecha inferior) Flickr/Getty Images; pág.15 (iquierda inferior) Simon Tonge/Getty Images págs.5, 7 (derecha) 8, 10, 15, 30 iStock; pág.24 The Library of Congress, LC-USZ62-043668; pág.13 (superior) NASA; págs.12–13 DanitaDelimont.com/Newscom (fondo); pág.9 MCT/Newscom; pág.31 Polaris/Newscom; pág.15 (superior) Reuters/Newscom; pág.23 ANT Photo Library/Science Source; pág.22 El Niño Southern Oscillation (ENSO)/NOAA; pág.16 Eye of Science/Science Source; pág.6 Frans Lanting/MINT Images/Science Source; pág.9 Gary Hincks/Science Source; pág.11 Julie Dermansky/Science Source (cuarta imágen); págs.2–3 Roger Hill/Science Source; págs.28–29 (ilustraciones) J.J. Rudisill; págs.10, 15 (fondo) Wikipedia; todas las demás imágenes cortesía de Shutterstock.

Teacher Created Materials
5301 Oceanus Drive
Huntington Beach, CA 92649-1030
http://www.tcmpub.com
ISBN 978-1-4258-4685-5
© 2017 Teacher Created Materials, Inc.
Printed in Malaysia.
THU001.8399

Contenido

Tiempo severo

Imagina que acabas de preparar una fiesta en el parque con tus amigos. Es un día cálido y soleado. Planeaste una gran batalla de globos de agua. Hay una roca de escalada para trepar y deliciosas comidas para compartir. ¡Quieres que la diversión empiece de inmediato!

De repente, el cielo oscurece. El viento se acelera y te despeina. Un relámpago ilumina el cielo. De inmediato, se escucha un trueno estridente. Comienzan a caer gotas del cielo. Minutos después, todo está empapado. El pronóstico del **tiempo atmosférico** no mencionó tormenta alguna. Pero aquí está. ¿Se acabó la fiesta? Tal vez no, ¡pero definitivamente va a aguarse!

Un rayo cae en algún lugar de la Tierra cada segundo.

Los **meteorólogos** son personas que estudian el tiempo atmosférico. Tal vez los veas en el canal local de noticias. Para ayudarse, usan herramientas como radares y satélites. Algunas veces, pueden **pronosticar** el tiempo. Pero otras, es más difícil saber cómo será.

El tiempo atmosférico es el estado del aire en un momento y lugar determinados. La mayoría de las veces, es apacible. Puede ser cálido y soleado. O puede haber un poco de nieve. Pero algunas veces, ¡puede ser terriblemente salvaje! Un tornado o un huracán pueden golpear una ciudad. Una tormenta de polvo puede consumir un pueblo. Las ventiscas pueden cubrir de nieve ciudades enteras. El tiempo atmosférico severo es peligroso. Es importante estudiarlo para estar preparados.

Estas personas caminan por una tormenta de polvo.

IMAGEN SATELITAL AGRANDADA

3:35 p. m.

¿Cómo está el tiempo?

Marzo	🌡️	🌧️	☁️	🚩
1. apacible con lluvia ligera 10:00 a. m.	12°C	💧	◗	
2. llovió la mayor parte del día 10:15 a. m.	11°C	💧💧	●	←
3. parcialmente soleado 10:20 a. m.	9°C		◔	←
4. frío y ventoso 10:05 a. m.	8°C		○	←
5. claro con arco iris 10:25 a. m.	10°C	💧	◗	→
6. apacible, llovizna 9:50 a. m.	10°C	💧	●	→
7. RESUMEN SEMANAL Y PROMEDIOS	10°C		◗	

Temibles tornados

    ¿Alguna vez has visto *El mago de Oz*? Es la película con Dorothy y sus zapatillas rojo rubí. ¡Y su perrito! En la película, a Dorothy se la lleva un tornado. El tornado la lleva a una tierra encantada. Aunque esto va muy bien en una película, en la vida real los tornados no te arrastran a lugares mágicos. De hecho, siempre debes buscar refugio ante un tornado. ¡Son peligrosos!

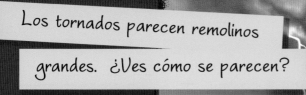

Los tornados parecen remolinos grandes. ¿Ves cómo se parecen?

Para estar seguro

El lugar más seguro para estar durante un tornado es debajo de la tierra. Un sótano o refugio para tormentas te mantendrá seguro. Si no puedes protegerte bajo tierra, ve al centro de un edificio. ¡Y aléjate de las ventanas!

Los tornados son **embudos** de vientos potentes. Se generan durante tormentas eléctricas. El viento se mueve en torno a un punto central. El viento puede alcanzar velocidades de más de 400 kilómetros por hora (250 millas por hora). Los tornados funcionan como aspiradoras gigantes. Aspiran todo lo que encuentran a su paso. Pueden aspirar automóviles y arrojarlos como juguetes. Los tornados arrancan casas de raíz. Destruyen edificios. Son una de las fuerzas más violentas de la naturaleza.

Tetsuya Fujita fue un experto en tornados. La escala de Fujita lleva ese nombre en su honor. Los científicos del mundo usan esta escala para clasificar los tornados. Está basada en el daño que puede ocasionar un tornado. También mide la velocidad del viento. El extremo más bajo de la escala es EF0. Este es un tornado pequeño. El peor tornado es uno EF5.

El 22 de mayo del 2011, un tornado EF5 azotó la ciudad de Joplin, Misuri. Era domingo por la tarde. El tiempo era húmedo y caliente. Nadie sabía que un poderoso tornado arrasaría la ciudad. El enorme tornado aplastó casas. Arrancó las calles. Provocó una tormenta de escombros. ¡El tornado llegó a tener una milla de ancho! Más de 100 personas perdieron la vida. Muchas más resultaron heridas. Las pérdidas por daños se calcularon en más de $2 mil millones.

El callejón de los tornados

La mayoría de los tornados en Estados Unidos se producen en una zona del país llamada *el callejón de los tornados*. El callejón incluye partes de Nebraska, Kansas y Oklahoma.

CORRIENTE EN CHORRO

AIRE FRÍO Y SECO

Dakota del Sur

Nebraska

CALLEJÓN DE LOS TORNADOS

Colorado

Kansas

Oklahoma

AIRE CÁLIDO Y SECO

Texas

AIRE CÁLIDO Y HÚMEDO

La escala de Fujita

Escala	Velocidad del viento (en km/h)	Velocidad del viento (en mi/h)	Ejemplo
EF0	105–137	65–85	
EF1	138–178	86–110	
EF2	179–218	111–135	
EF3	219–266	136–165	
EF4	267–322	166–200	
EF5	superior a 322	superior a 200	

Horrendos huracanes

Cuando los huracanes están en el mar, causan pocos daños. Pero cuando estas tormentas azotan la tierra, son muy destructivas. Los huracanes acarrean lluvias intensas y vientos fuertes.

Los huracanes comienzan como tormentas tropicales. Pero cuando una tormenta alcanza los 119 km/h (74 mi/h), las cosas cambian. Comienza a recoger agua cálida del océano. Esta es agua en forma de **vapor**. Este vapor se **condensa** para formar nubes. Las nubes forman una espiral. En el centro del huracán se puede ver un "ojo". En el ojo, el tiempo es apacible. Afuera del ojo, el tiempo es caótico.

Para estar seco

Si vives en una zona de huracanes, puedes mantenerte seco, y seguro, al seguir estas indicaciones:

- Escucha la radio o mira la televisión para saber si hay alertas.
- Quédate en casa, cierra puertas y ventanas, mete las mascotas a la casa y asegura cualquier objeto que deba quedar afuera.
- Habla con tu familia acerca de dónde ir durante un huracán.

RUTA DE EVACUACIÓN

aire
descendente

ojo

pared del ojo

aire cálido y húmedo

presión baja

13

El 29 de octubre del 2012, las costas de Nueva York y Nueva Jersey comenzaron a inundarse. Olas enormes azotaron la costa. El agua se metió en las casas. El metro se llenó de agua. Esa noche, llegó un huracán. Era el huracán Sandy. Cuando el sol salió a la mañana siguiente, la gente no podía creer lo que veía. Las pérdidas materiales sumaron miles de millones de dólares. Millones de personas quedaron sin energía eléctrica. Miles de personas perdieron sus hogares. Y muchas otras perdieron la vida.

El huracán Sandy fue una de las tormentas más grandes de la historia. Afectó a más de 12 estados. También afectó al Caribe y Canadá. Los fuertes vientos y los **oleajes de tormenta** ocasionaron la mayor parte de los daños. Nueva York y Nueva Jersey fueron las ciudades más afectadas. Pero las personas de ambos estados trabajaron en conjunto. Arreglaron sus hogares. Reconstruyeron sus negocios. Se ayudaron unas a otras.

2004
Huracán Iván

2005
Huracán Katrina

2012
Huracán Sandy

El sistema de los nombres

a Organización Meteorológica Mundial tiene
stas con los nombres que se le asignan a los
uracanes. Cuando un huracán causa muchos
años, ese nombre se elimina de la lista.

2008
Huracán Ike

2005
Huracán Wilma

Desastrosas tormentas de polvo

¿Alguna vez te han pedido tus padres que ayudes a limpiar? ¿Alguna vez has limpiado el polvo de un estante o de la pantalla del televisor? El polvo se **acumula** con rapidez. Flota en el aire antes de asentarse en el suelo u otros objetos. Si no lo limpias, ¡pronto cubrirá todo lo que hay en tu casa! Pero, ¿qué es el polvo?

El polvo está compuesto por muchas cosas diferentes. Las hilachas o pelusas de la ropa se convierten en polvo. El polen y los trozos de plantas forman polvo. Trozos de caucho de los neumáticos y escamas de piel muerta se disuelven en el polvo. El polvo parece inofensivo hasta que se acumula en la atmósfera en grandes cantidades.

polvo amplificado bajo
un potente microscopio

¡Achís!

A veces, el polvo se mete en la nariz. Si eso sucede, toma un pañuelo, ¡rápido! Estás a punto de estornudar. El estornudo es la manera en la que el cuerpo se deshace del polvo.

¡Una vez, una mujer de Inglaterra estornudó 978 días seguidos!

Los remolinos de polvo son como pequeños tornados. Se forman por la combinación de viento, polvo y escombros.

El polvo en tu hogar no es muy peligroso. Puede enrojecerte los ojos, o hacerte estornudar de vez en cuando. Pero si mantienes la casa limpia, estarás bien. El polvo *afuera* de tu casa es otra historia.

Cuando se combinan fuertes vientos durante períodos muy secos, aparecen las tormentas de polvo. Los vientos feroces levantan grandes cantidades de polvo. El polvo sube hasta la atmósfera y es impulsado por el viento. Esto hace que se formen grandes nubes de polvo. ¡Estas nubes pueden cubrir ciudades enteras y elevarse más de 10 kilómetros (6 millas) en el aire! Hacen que ver sea imposible. También llevan consigo **partículas** tóxicas o dañinas. Hacen que respirar sea muy difícil. También pueden hacer que las personas se enfermen.

Sequías peligrosas

Una sequía es un largo período sin agua. Significa que hay poco o nada de lluvia. Las sequías son una causa de las tormentas de polvo.

Las tormentas de polvo se producen a menudo en el desierto. Los desiertos son secos y tienen muy pocas plantas. Las plantas ayudan a que el suelo permanezca en su lugar. Sin las plantas para fijar el suelo seco, los vientos levantan ese polvo para crear tormentas. Así pasó en Arizona en julio del 2012.

Una tormenta de polvo de 160 km (100 millas) de ancho arrasó el desierto de Arizona. El sol se tapó por completo. Los aviones no pudieron aterrizar. Los conductores no podían ver el camino adelante de sus ojos. La tormenta de polvo fue tan intensa que hasta cortó la electricidad. Los hogares y negocios se llenaron de polvo. Las piscinas se convirtieron en grandes baños de lodo. La tormenta duró unos 20 minutos. ¡Por fortuna, la tormenta no dejó heridos, pero sí mucho por limpiar!

tormenta de polvo en Yuma, Arizona

cómo protegerse en las tormentas

Las tormentas de polvo pueden producirse con rapidez. Es mejor quedarse adentro. Pero si la tormenta te sorprende fuera de casa, sigue estos consejos:

- Cúbrete la nariz y boca con algo de tela.
- Utiliza gafas para proteger los ojos.
- Aplica vaselina en la parte interior de la nariz para evitar que se seque.
- Trasládate a terrenos más altos.
- ¡Intenta encontrar refugio!

tormenta de polvo en África

Brrr... ¡ventiscas!

Las batallas con bolas de nieve son divertidas. Hacer un hombre de nieve también. Pero la nieve en exceso puede ser algo malo. Las ventiscas traen consigo mucha nieve. ¡Y muy rápido! Una ventisca es una feroz tormenta de nieve con vientos fuertes y temperaturas muy frías.

Las ventiscas se producen cuando potentes vientos llamados **corrientes en chorro** se chocan contra el aire más cálido. La corriente en chorro es impulsada hacia abajo y el aire cálido, hacia arriba. Esto produce hielo y nieve. Los fuertes vientos soplan la nieve. Quienes quedan atrapados en una ventisca tienen dificultades para ver. Y estos feroces vientos hacen que el aire se sienta más frío de lo que realmente es. Esto es lo que se conoce como *factor de sensación térmica*. Si afuera hace -1° Celsius (30° Fahrenheit), la sensación puede ser de -20 °C (-4 °F) cuando hay vientos fuertes y fríos.

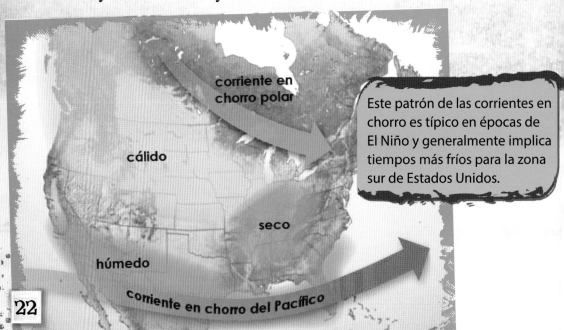

corriente en chorro polar

cálido

seco

húmedo

corriente en chorro del Pacífico

Este patrón de las corrientes en chorro es típico en épocas de El Niño y generalmente implica tiempos más fríos para la zona sur de Estados Unidos.

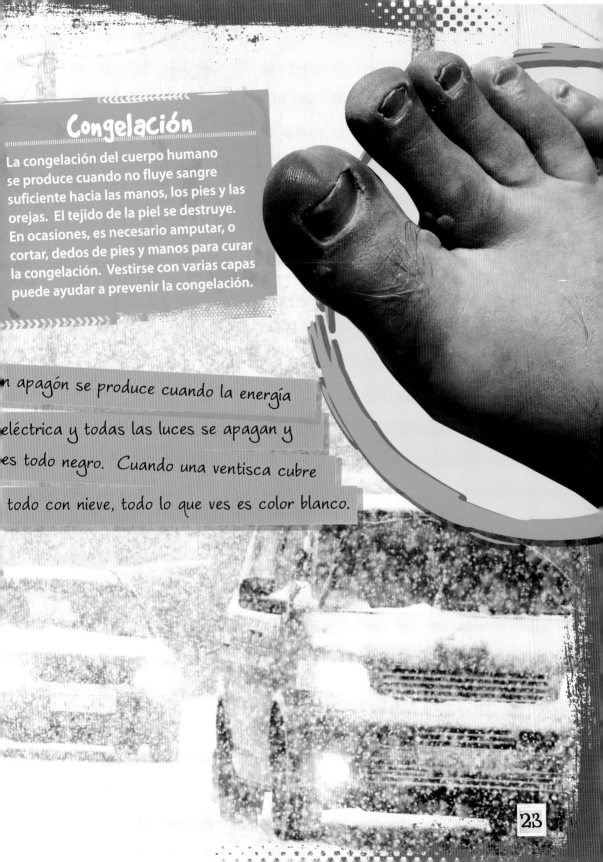

Congelación

La congelación del cuerpo humano se produce cuando no fluye sangre suficiente hacia las manos, los pies y las orejas. El tejido de la piel se destruye. En ocasiones, es necesario amputar, o cortar, dedos de pies y manos para curar la congelación. Vestirse con varias capas puede ayudar a prevenir la congelación.

n apagón se produce cuando la energía eléctrica y todas las luces se apagan y es todo negro. Cuando una ventisca cubre todo con nieve, todo lo que ves es color blanco.

Una de las peores ventiscas de la historia se produjo hace más de 100 años. En esa época, pronosticar el estado del tiempo atmosférico era más difícil que en la actualidad. No había satélites y los científicos todavía no usaban radares. Nadie sabía cuándo llegaría una tormenta. Había sido un día de marzo inusualmente cálido en la costa este de Estados Unidos. Pero entonces, la corriente en chorro de aire cálido del golfo de México se mezcló con el aire frío ártico de Canadá. ¡La ventisca había empezado!

La Gran Ventisca de 1888 afectó ciudades desde Washington, D. C., hasta Maine. En unas pocas horas, unos 140 centímetros (55 pulgadas) de nieve cubrían el suelo. Las ráfagas de viento soplaban a más de 137 km/h (85 mi/h). Esta ventisca cobró la vida de muchas personas. En la actualidad, los meteorólogos pueden advertir a las personas cuando una ventisca se aproxima.

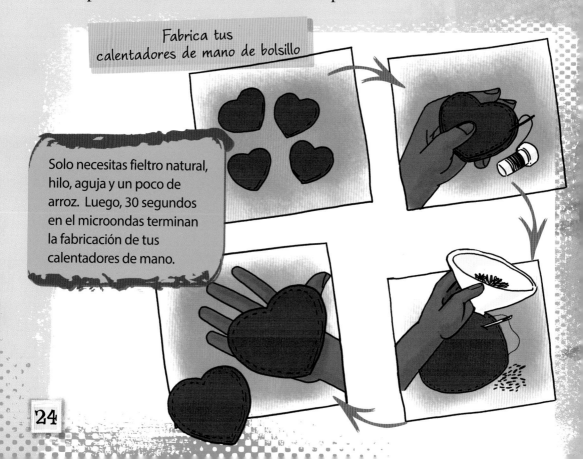

Fabrica tus calentadores de mano de bolsillo

Solo necesitas fieltro natural, hilo, aguja y un poco de arroz. Luego, 30 segundos en el microondas terminan la fabricación de tus calentadores de mano.

Lección aprendida

Muchas personas quedaron atrapadas en los trenes en la ciudad de Nueva York durante la Gran Ventisca de 1888. Después de la ventisca, la ciudad decidió llevar sus trenes bajo tierra. Este sistema de metro subterráneo se usa en la ciudad de Nueva York en la actualidad.

¡Prepárate!

El tiempo atmosférico puede tomar muchas formas. En un día soleado, el cielo se puede llenar de nubes esponjosas. Pero durante una tormenta, el agua en el aire se puede convertir rápidamente en lluvia, granizo o un remolino de copos de nieve. Una brisa fresca puede ser un alivio en un día caluroso. Pero el viento puede volverse severo y peligroso durante un huracán o un tornado.

Personas abordan un avión para huir de un huracán en Filipinas.

26

El tiempo atmosférico siempre está cambiando. Siempre es una buena idea mirar el pronóstico del tiempo. Puede ayudarte a estar preparado. Cuando el tiempo es extremo, debes tomar decisiones inteligentes. Si un tornado se aproxima, busca refugio. Intenta buscar refugio bajo tierra tan rápido como puedas. Si un huracán se aproxima, es posible que debas **evacuar**. Quiere decir que debes dejar tu hogar. Busca un lugar seguro en donde la tormenta no te afecte. Si una tormenta de polvo se aproxima, mejor quédate adentro de la casa. Si una ventisca se aproxima, quédate en casa, donde está cálido.

Si estás preparado, puedes enfrentar cualquier fenómeno atmosférico que la Madre Naturaleza ponga en tu camino.

Piensa como un científico

¿Cómo se mueve un tornado? ¡Experimenta y averígualo!

Qué conseguir

- 2 botellas grandes de refresco
- agua
- brillantina (opcional)
- cinta adhesiva
- colorante de alimentos
- tijeras

Qué hacer

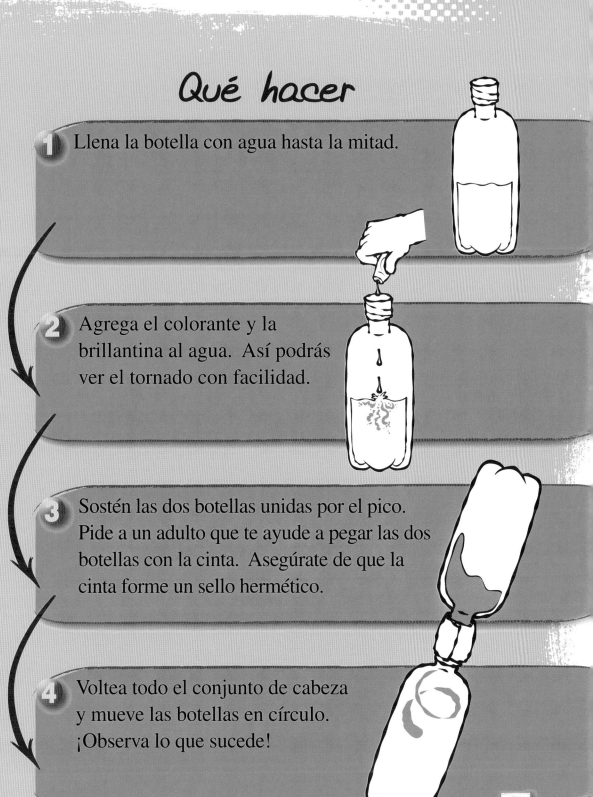

1 Llena la botella con agua hasta la mitad.

2 Agrega el colorante y la brillantina al agua. Así podrás ver el tornado con facilidad.

3 Sostén las dos botellas unidas por el pico. Pide a un adulto que te ayude a pegar las dos botellas con la cinta. Asegúrate de que la cinta forme un sello hermético.

4 Voltea todo el conjunto de cabeza y mueve las botellas en círculo. ¡Observa lo que sucede!

29

Glosario

acumula: se junta o apila poco a poco

condensa: cambia la forma de gaseosa a líquida

corriente en chorro: corriente fuerte de vientos rápidos sobre la superficie de la Tierra

embudos: objetos con forma de cono hueco

evacuar: salir de un lugar peligroso

meteorólogos: personas que estudian la atmósfera, el tiempo atmosférico y el pronóstico del tiempo

oleajes de tormenta: elevaciones inusuales del nivel del mar en una costa

partículas: pedacitos muy pequeños de algo

pronosticar: decir que algo sucederá o probablemente sucederá en el futuro

tiempo atmosférico: el estado del aire y la atmósfera en un momento y lugar determinados

vapor: una sustancia en forma de gas

Índice

¡Tu turno!

WEST
8
San Diego

Tiempo loco

¿Alguna vez has visto una tormenta eléctrica? Quizás alguna vez quedaste atrapado en una ventisca. ¿Qué tipo de tiempo extremo has experimentado? Escribe una entrada de diario en la que cuentes cuando viste un episodio de tiempo loco. Haz un dibujo que acompañe la entrada del diario.